# Oktoberfest

Felix & Theo

# *OKTOBERFEST*

**Langenscheidt**

Berlin·München·Wien·Zürich·New York

Leichte Lektüren
Deutsch als Fremdsprache in drei Stufen
Oktoberfest *Stufe 1*

Dieses Werk folgt der neuen Rechtschreibung
entsprechend den amtlichen Richtlinien.

© 1995 by Langenscheidt KG, Berlin und München
Druck: Druckhaus Langenscheidt, Berlin
Printed in Germany
ISBN 3-468-49691-5

7. 8. 9. 10. 11. * 07 06 05 04 03

*1   2   drunk*

**„Oans, zwoa, gsuffa!"** (bayerischer Trinkspruch)

Die Hauptpersonen dieser Geschichte sind:

**Helmut Müller**, Privatdetektiv. Er reist wieder einmal in seine alte Heimatstadt, München.
**Bea Braun**, seine Sekretärin und Mitarbeiterin. Muss leider in Berlin bleiben.
**Felix Neumann**, ein alter Freund von Müller, lebt in Spanien und besucht das Oktoberfest.
**Bruno**, ein Stadtstreicher, lebt im Sommer an der Isar und sieht einige merkwürdige Dinge.
**Alfred Hübner**, Münchner Fotoreporter hat eine tolle Geschichte für seine Zeitung ...
Das **Oktoberfest** ist das größte Volksfest der Welt. Jedes Jahr kommen Menschen aus der ganzen Welt auf die Theresienwiese und amüsieren sich. Einige aber wachen am nächsten Morgen mit einem dicken Kopf auf ...

# OKTOBERFEST - GLOSSAR

die Festwiese = die Theresienwiese
= die Wiesn (bayr.)

das Zelt + das Bier = das Bierzelt

der Krug
die Maß
= 1 Liter = der Maßkrug

das Brathuhn = das Hendl

die Wurst
das Würstchen

Würstchen mit Sauerkraut

6

die Musik
die Blasmusik

die Bedienung

das Dirndl

die Lederhose

# 1

„Büro Müller, Bea Braun am Apparat."

„Guten Tag, mein Name ist Felix Neumann, kann ich bitte Herrn Müller sprechen?"

„Tut mir Leid, Herr Müller ist gerade nicht da, kann ich Ihnen helfen?"

„Nein, oder doch, vielleicht. Ich, ... äh, es ist eher privat. Ich bin ein alter Freund von Herrn Müller aus Spanien und ..."

„Ach, Sie sind es, Herr Neumann? Tut mir Leid, ich habe Ihre Stimme nicht gleich erkannt. Also, mein Chef ist gerade bei einem Kunden, aber ich denke, so um drei ist er wieder da. Soll ich ihm etwas ausrichten?"

„Ja, gerne. Sagen Sie ihm, dass ich für ein paar Tage nach Deutschland komme. Ich möchte ihn auch in Berlin besuchen, am Wochenende. Ich rufe aber dann um drei noch mal an, o.k.?"

„Prima. Also dann bis später. Auf Wiederhören!"

„Auf Wiederhören!"

Bea Braun notiert auf einen Zettel:
Felix Neumann aus Spanien hat angerufen. Kommt am Wochenende nach Berlin. Ruft um drei noch einmal an.

## 2

„Touristikzentrum München. Information. Guten Tag!"

„Guten Tag. Mein Name ist Neumann. Ich rufe Sie aus Spanien an. Ich suche ein Zimmer für einige Tage. Zum Oktoberfest. Können Sie mir helfen?"

„Zum Oktoberfest? Das ist schwierig. Die Hotels sind alle ausgebucht. Wann genau brauchen Sie das Zimmer?"

„Drei Nächte. Vom 24. – 27. September. Es kann auch gern ein Zimmer in einer Pension sein."

„Tja, Herr Neumann, einen Moment, ich schau mal ... ja, hier habe ich etwas. Pension NEUE HEIMAT, in Haidhausen, in der Sedanstraße 15. Ich gebe Ihnen die Telefonnummer: 448 73 77. Bitte bestätigen Sie die Reservierung selbst."

„Warten Sie einen Moment, bitte, ich schreibe mir gerade die Adresse und Telefonnummer auf. Also das war die Pension Neue Heimat. Sedanstraße Nummer ...?"

„Nummer 15. Telefon 4487377. Haben Sie's?"

„Ja, danke. Auf Wiederhören!"

Felix Neumann ist zufrieden. Seine Reise nach Deutschland ist organisiert. Er freut sich auf das Oktoberfest und das Wochenende mit seinem alten Freund Helmut in Berlin.

3

Die Lufthansa-Maschine aus Barcelona landet pünktlich um 15 Uhr 45 auf dem Münchner Flughafen. Felix nimmt die S-Bahn und ist nach 40 Minuten am Ostbahnhof. Von dort kann er zu Fuß bis zur Pension NEUE HEIMAT gehen. Er hat kaum Gepäck – nur eine kleine Reisetasche. In der Pension zeigt ihm eine freundliche ältere Frau sein Zimmer. Er stellt seine Tasche ab, zieht sich bequeme Kleidung an und fährt dann mit der U-Bahn zur Theresienwiese. Dort findet jedes Jahr Ende September das größte Volksfest der Welt statt: das Oktoberfest!

Alle Menschen, die aus der U-Bahn kommen, gehen in die gleiche Richtung wie Felix. Italiener, Japaner, Amerikaner, Schweden, Franzosen, Menschen aus allen Ländern der Welt schieben sich in Richtung Festwiese. In riesigen Zelten sitzen Tausende von Touristen und natürlich Münchnern und trinken Bier. Das Bier gibt es in großen Einliterkrügen aus Glas oder Ton. In jedem Zelt spielt eine Blaskapelle bayerische Musik. Viele Leute singen mit. Es ist unglaublich laut, aber alle sind fröhlich, lachen, einige tanzen.
Felix geht in das ‚Hofbräu-Zelt'. Endlich findet er einen Platz an einem riesigen Holztisch. Er bestellt eine ‚Maß' und ein ‚Hendl' und freut sich mit allen anderen.

4

„Hallo! Hallo Sie!"
Felix wacht auf. Er hat fürchterliche Kopfschmerzen. Er spürt, wie jemand ihn am Arm rüttelt.
„Oh, mein Kopf. Mein Kopf!"

„Aufstehen! Aufstehen!" Ein Polizist packt Felix am Arm und hilft ihm. „Ihre Papiere, bitte!"

„Oh, ist mir schlecht. Wo bin ich? Was ist passiert? Oh, mein Kopf!" Felix steht vor zwei Polizisten. Er ist aber nicht mehr auf dem Oktoberfest, sondern an einem Fluss. Da sind Blumen, Gras, Bäume ...

„Wo bin ich?", wiederholt Felix.

„In München", sagt lächelnd einer der Polizisten, „genauer an der Isar. Sie haben wohl gestern eine Maß zu viel getrunken, wie?"

Allmählich erinnert sich Felix. Ja, er war auf dem Oktoberfest, aber dann ... Er will auf die Uhr schauen. Aber da ist keine Uhr. Instinktiv sucht er seine Brieftasche. Weg! Keine Uhr, keine Brieftasche.

„Meine Uhr! Meine Brieftasche! Mein Geld! Man hat mich bestohlen!"

„Ganz ruhig, junger Mann. Jetzt kommen Sie mal mit auf das Revier und dann klären wir die Sache ..."

5

Auf dem Revier erklärt Felix den Beamten, wer er ist und was er in München macht. Nur an gestern Abend kann er sich nicht mehr erinnern. Oktoberfest, Hofbräu-Zelt, eine Maß Bier, oder waren es zwei? Er weiß es nicht mehr, er kann sich nicht mehr erinnern. Und dann diese Kopfschmerzen ...

Zurück in der Pension ruft Felix in Berlin an.

„Büro Müller, Bea Braun am Apparat."

„Tag, Frau Müller. Ich bin's, Felix Neumann. Ist Helmut da?"

„Moment, ich verbinde Sie, Herr Neumann!"

„Hallo, Felix, wie geht's? Wie schmeckt das Bier auf dem Oktoberfest? Wann kommst du?"

„Mensch, Helmut! Mir ist was ganz Blödes passiert ..."

Und er erzählt seinem Freund die ganze Geschichte: sein Besuch auf dem Oktoberfest, das Aufwachen an der Isar, kein Geld, keine Papiere, die Polizei, das Revier.

Als Felix mit seiner Geschichte fertig ist, sagt Helmut:

„Hör mal, ich komme mit der nächsten Maschine nach München. Gib mir doch die Adresse von deiner Pension. Und du bleibst, wo du bist. In drei Stunden bin ich da."

„Aber Helmut, das ist doch Quatsch, das ..."

Aber aus der Leitung kommt nur ein ‚Tuut, Tuut'. Müller hat aufgelegt.

Felix legt sich auf sein Bett, nimmt zwei Aspirin gegen die fürchterlichen Kopfschmerzen und schläft sofort ein.

Langsam öffnet Felix die Augen. Er hat tief und fest ge-
schlafen. Jemand ist in seinem Zimmer.
„Helmut?"
„Ja, mein Lieber, ich bin hier."
„Wie kommst du denn so schnell hierher? Wie spät ist es?
Hab ich fest geschlafen! Wenigstens habe ich jetzt keine
Kopfschmerzen mehr."

Müller betrachtet seinen Freund.
„Du hast nicht nur fest, sondern auch lange geschlafen.
Wir haben heute Mittag telefoniert und jetzt ist es sechs
Uhr. Wie geht es dir?"
„Schon besser, jetzt wo du da bist."

Felix steht auf und die beiden Freunde umarmen sich.
„So, und jetzt an die Arbeit. Ich habe nämlich einen Plan.
Wenn deine Geschichte stimmt, dann suchen irgendwel-
che Gangster ihre Opfer auf dem Oktoberfest, rauben sie
aus und bringen sie dann an die Isar. Ich weiß bloß nicht,
wie sie das machen. Aber das finden wir schon noch her-
aus. Heute Abend gehe ich aufs Oktoberfest, als Tourist
verkleidet. Du gibst mir deine Sachen. Dieses bunte Hemd
ist gerade richtig und deine grüne Sommerhose auch.
Dazu ein paar Sandalen. Den Rest mache ich dann schon.
Deine Aufgabe ist folgende: Du gehst immer hinter mir
her und beobachtest alles, was um mich herum passiert.
Klar?"
„Klar!"

Die beiden Freunde machen sich auf den Weg. Müller geht zur U-Bahn-Station, Felix etwa 50 Meter hinter ihm. Müller steigt in die U-Bahn, Neumann einen Waggon dahinter. Der Detektiv geht in das ‚Hofbräu-Zelt' und setzt sich an einen Tisch. Felix setzt sich an einen Tisch etwas weiter weg.

Das Bierzelt ist genauso voll wie am Tag davor. Der gleiche Lärm, die gleiche Blasmusik, lachende und singende Menschen schieben sich durch das Zelt. Bedienungen tragen acht bis zehn Maßkrüge gleichzeitig und stellen sie krachend auf die Tische.

„Fräulein, eine Maß!" Eine Frau im Dirndl kommt zu Müller und stellt einen Krug auf den Tisch. Müller holt seine Brieftasche und gibt der Frau 10 Mark.

„O.k., Miss!" Er zeigt mit der Brieftasche, dass die Bedienung das Wechselgeld behalten kann.

„Prost, Miss. Gsuffa, hä, hä!"

Die Frau nimmt das Geld, betrachtet kurz die dicke Brieftasche und lächelt.

„Amerikaner?"

„Yes, Amerikaner. New York!" Auch Müller lächelt und trinkt einen großen Schluck Bier.

„Prost, Mister!", ruft die Bedienung und geht zum nächsten Tisch.

Müller sitzt gemütlich vor seinem Bier und betrachtet das bunte Treiben um ihn herum. Bedienungen tragen Bierkrüge, die Menschen essen und trinken, lachen und singen. Dazwischen stehen einige Männer in Uniform. Sie passen auf, dass niemand Ärger macht. Ärger ist schlecht für das Geschäft.

Eine Stunde später ist das Zelt vollkommen überfüllt. Menschen stehen in den Gängen, suchen einen Sitzplatz. Müller bekommt gerade sein zweites Bier und Würstchen mit Sauerkraut. Fünf Tische weiter sitzt Felix. Müller sieht, wie sein Freund ihn ab und zu beobachtet. Dann nimmt er einen großen Schluck Bier und beginnt, seine Würstchen zu essen.

Plötzlich hat er ein merkwürdiges Gefühl im Magen und in seinem Kopf fängt es an, sich zu drehen wie ein Karussel. Er fragt die Bedienung: „Bitte, Miss, the toilet, please?"
„Die Toiletten sind ganz hinten. Da rechts hinten."
Die Bedienung zeigt lächelnd auf eine Tür am Ende des Zeltes.
Dort steht ein Mann in Uniform. Als Müller endlich dort ankommt, ist ihm unglaublich schlecht und schwindlig.

„He, Kollege, aufwachen!"
„Was? Oh, mein Kopf, mein Kopf!"
Müller wacht langsam auf.
„He, Kollege, schnell, aufwachen! Gleich kommt die Polente, die Polizei, Mensch!"
Jemand zieht Müller am Arm. Er öffnet die Augen. Ein bärtiger alter Mann versucht ihm zu helfen.
„Du musst aufstehen, die Polizei darf dich nicht finden. Die nehmen dich sonst mit."
Der alte Mann zieht den Detektiv hinter einen Busch. Müller setzt sich auf den Boden. Er hört ein Auto. Langsam fährt der Wagen an den beiden vorbei.
Der alte Mann gibt Müller eine Flasche.
„Da, trink einen Schluck, das hilft!" Als Müller den Alkohol riecht, wird ihm gleich wieder schlecht. Dankend lehnt er ab. Der Mann nimmt die Flasche und trinkt.
„Frühstück!", sagt er und lächelt.
Unser Detektiv betrachtet den Alten. Braunes Gesicht, langer, grauer Bart, schmutzige Haare. Er trägt einen alten, kaputten Mantel, einen Pullover mit Löchern, eine schmutzige Hose.
Müller sieht sich um. Bäume, Büsche, ein Fluss. Plötzlich ist sein Kopf klar. Die Isar! Er ist an der Isar, genau wie Felix! Aber ... wie ist er hierher gekommen? Seine Brieftasche – verschwunden!

„Ich heiße Bruno!" Der Alte gibt dem Detektiv die Hand.
„Helmut."
„Wo willst du denn hin?"
Müller überlegt. Dann sagt er schnell: „Ich will nach Berlin."

„Kein Gepäck?"

„Nee, geklaut."

„Keine Kohle?"

„Äh, nein, kein Geld."

„Dann komm mit. Leichte Arbeit, leichtes Geld."

## 10

Müller geht mit Bruno die Isar entlang. Sie überqueren eine Straße ohne Verkehr.

„Bruno, wie spät ist es?"

Ohne auf die Uhr zu schauen, antwortet Bruno:

„Kurz vor sieben. Jeden Morgen um halb sieben kommt die Polente. Immer pünktlich. Und um sieben geht's zur Arbeit ..."

Wenige Minuten später stehen die beiden vor der Großmarkthalle. Eine lange Schlange von Lastwagen wartet auf das Entladen.

„Worauf hast du Lust, Helmut? Obst oder Gemüse?"

„Wie bitte? Äh, am liebsten esse ich Äpfel."

Nach einer Stunde hat Bruno keine Lust mehr.

„Das reicht, Kollege. Komm, wir gehen frühstücken."

Ein Mann, den sie alle ‚Chef' nennen, gibt ihnen zehn Mark für eine Stunde Äpfel abladen und schenkt ihnen noch eine Tüte Äpfel.

Sie gehen zu einem Kiosk. Dort stehen ein paar Männer, die alle Bruno sehr ähnlich sehen. Müller bestellt sich einen Kaffee im Becher. Keiner will wissen, wer er ist, woher er kommt, wohin er geht. Er ist mit Bruno gekommen und das genügt. Die Männer unterhalten sich.

Müller hört nicht zu. Er denkt an gestern Abend. Er kann sich an das Bierzelt erinnern, an die Bedienung. Dann ist er irgendwann auf die Toilette gegangen. Der Mann in Uniform. Und dann? Er fasst sich an den Hinterkopf. Keine Beule, nichts. Alles wie bei Felix, keine Verletzung. Aber was dann? Wer hat ihn an die Isar gebracht? Und wann?

„Kollege, kommste mit in die Stadt?"

„Nein Bruno, ich muss noch etwas erledigen ..."

„Na gut, treffen wir uns Mittag bei Anna?"

„Bei Anna?" Müller versteht nicht. „Was meinst du damit?"

„Na, Mensch, das ‚St. Anna Kloster'. Da gibt es Mittagessen gratis, Kollege."

Müller denkt an seinen Magen und lehnt ab.

„Wir können uns ja am Nachmittag wieder an der Isar treffen, Bruno."

„Nee, nee, Kollege. Erst am Abend. Am Nachmittag liegen da zehntausend Menschen und braten in der Sonne. Also dann!"

Bruno verabschiedet sich von ein paar ‚Kollegen' und geht in die Stadt. Müller trinkt noch einen zweiten Kaffee und fragt nach der nächsten U-Bahn Station.

In der Pension NEUE HEIMAT sitzt Felix Neumann beim Frühstück. Als sein Freund Helmut kommt, steht er auf und sagt:

„Mensch, Helmut, wo warst du? Ich habe mir solche Sorgen gemacht!"

Der Detektiv setzt sich, trinkt seinen dritten Kaffee und erzählt.

„Genau wie bei mir! Nur hat mich kein Bruno vor der Polizei gewarnt."

„Und dieser Bruno ist für uns ganz wichtig", unterbricht der Detektiv. „Fassen wir zusammen: Wir gehen beide auf das Oktoberfest, in das gleiche Bierzelt. Wir trinken ein oder zwei Bier. Dann wird uns schlecht, wir gehen auf die Toilette. Dann wachen wir beide an der Isar auf, mit fürchterlichen Kopfschmerzen, aber ohne Verletzungen. Unser Geld ist verschwunden. Also: Irgendjemand hat uns im Bierzelt beobachtet und dann betäubt. Aber wer? Und wie?"

„Vielleicht die Bedienung?"

„Nein, das glaube ich nicht. Die hat ja den ganzen Abend gearbeitet. Ich glaube, das sind mehrere Ganoven. Wie sonst sind wir an die Isar gekommen? Ich bin schließlich nicht leicht. Ich meine, ich wiege immerhin fast 90 Kilo."

Felix sieht seinen Freund an und fragt: „Und was machen wir jetzt?"

„Bruno!"

„Wie bitte? Was heißt ‚Bruno'?"

„Ich glaube, Bruno kann uns helfen. Schau mal: Jeden Tag ist es das gleiche Spiel. Oktoberfest – Bierzelt – Toilette – Isar. Endstation Isar. Und Bruno wohnt praktisch an der Isar. Er schläft jede Nacht dort. Heute Nacht schlafen wir auch dort, verstehst du? So, und jetzt möchte ich noch einen Kaffee!" Und Müller trinkt seine vierte Tasse.

## 12

Am Abend gehen unsere beiden Freunde an die Isar.
Sie haben sich gut vorbereitet: Am Nachmittag haben sie einen alten Freund besucht, Alfred Hübner. Alfred arbeitet als Fotoreporter bei einer Münchner Zeitung. Als Müller ihm seinen Plan erklärte, war er begeistert. Alfred gab den beiden einen alten Pullover, eine Hose und eine Decke.
Im Supermarkt hat Helmut dann noch zwei Liter billigen Rotwein und eine Taschenlampe gekauft.

Auf dem Weg zum Treffpunkt an der Isar kommen den beiden die letzten Badegäste entgegen. Jetzt, am Abend, treffen sich hier andere Menschen, die Gruppe der Außenseiter, der Heimatlosen, der Gescheiterten – alle, die am Rand der Gesellschaft stehen.
In der Nähe vom Ufer sitzen ein paar Männer an einem Lagerfeuer.

„Hallo, Helmut!"
Bruno hält eine Weinflasche in der Hand und lädt die beiden Freunde ein, sich zu ihm zu setzen.
„Hallo!", antwortet Müller. „Das ist Felix, ein Kumpel von mir."
Die Männer nicken. Bruno kennt Helmut. Helmut kennt Felix – in Ordnung. Keiner fragt woher?, warum?, wohin? Nach ein paar Stunden sitzen nur noch Bruno, Helmut und Felix am Feuer. Alle drei haben Decken oder Mäntel um die Schultern gelegt. Es ist kühl geworden.

„Du, Bruno!"

„Hm!"

„Bruno, hast du in den letzten Tagen irgendetwas Merkwürdiges hier gesehen? Ich meine hier, sozusagen in deinem Schlafzimmer?"

Bruno schaut Müller lange an. Dann sagt er:

„Von der Polizei bist du nicht. Das rieche ich. Was willst du also?"

Der Detektiv erzählt, was ihm und Felix passiert ist. Bruno hört zu, ohne etwas zu sagen. Dann trinkt er einen großen Schluck Rotwein. „Sie kommen immer um 12."

„Wer?"

„Weiß ich nicht."

„Wie viele?"

„Mindestens zwei. Ein Auto kommt, dann höre ich Stimmen."

„Wo?"

„Immer an der gleichen Stelle. Wo du auch gelegen hast. Es gibt nur diesen einen Weg, wo man mit dem Auto fahren kann."

„Danke, Bruno."

Helmut Müller, Felix Neumann und Bruno liegen hinter einem Busch und lauschen in die Dunkelheit.

„Pst, ich höre was!"

Tatsächlich. Langsam kommt ein Auto ohne Licht den Weg entlang.

„Wir warten, bis sie vorbei sind. Und dann los!"

Felix gibt mit der Taschenlampe Lichtsignale.

„Hoffentlich hat Alfred aufgepasst!"

„Na klar, du kennst doch Alfred. Wenn der eine gute Story riecht ... So, los jetzt!"

Die drei springen auf und schleppen Steine, Äste und eine Parkbank auf den Weg. Sie bauen eine Barrikade.

„Vorsicht, das Auto kommt zurück!"

Langsam rollt das Auto, wieder ohne Licht, den Weg entlang. Diesmal rückwärts.

Mit einem hässlichen Geräusch fährt der Wagen in die Barrikade.

Stille.

Dann geht die Tür auf. Die drei hören:

„Idiot! Kannst du nicht aufpassen? Du bist in den Wald gefahren!"

„Quatsch! Ich kenn doch den Weg. Das war vorhin noch nicht da. Mach mal Licht an!"


In diesem Augenblick rasen zwei Polizeiautos mit Scheinwerfern und Blaulicht den Weg entlang. Bruno sagt zu Helmut: „Jungs, ich hau ab. Es war nett mit euch. Tschüs!"

Dann geht alles ganz schnell. Die Polizisten springen aus dem Auto und halten die beiden Männer fest. Müller erkennt einen der beiden. Es ist der Mann, der im Bierzelt vor der Toilette stand ...

Dann kommt plötzlich Alfred ins Licht. Er fotografiert.

Felix und Helmut sitzen in der Pension beim Frühstück.
Die Tür geht auf, und herein kommt Alfred.
„Guten Morgen, Freunde! Schaut mal, was ich euch mit-
gebracht habe." Er gibt jedem der beiden ein Exemplar
der Abendzeitung.

„K.o.-Tropfen! Die haben uns also was ins Bier getan!"
„Tja, und ihr wart nicht die ersten Opfer. Das Ganze funk-
tionierte so: Die beiden Männer gestern Nacht waren
Wachmänner aus dem Hofbräuzelt. Die Bedienung gehör-
te auch zur Bande. Sie haben die Gäste beobachtet und
ihre Opfer ausgesucht. Touristen mit Geld und ohne
Begleitung. Am liebsten Ausländer. Die Bedienung hat
die Tropfen ins Bier getan. Das Opfer musste dann auf die

Toilette gehen und ist dort bewusstlos geworden. Dann
haben die Wachleute das Opfer ganz ,offiziell' aus dem
Zelt getragen Dann haben sie die Opfer ausgeraubt und
hierher gebracht."
„Ganz schön clever!" Felix legt die Zeitung zusammen.
„Die darf ich doch mitnehmen, oder? Zu Hause glaubt
mir sonst kein Mensch!"

15

Alfred bringt seine beiden Freunde zum Flughafen. Als sie
sich verabschieden, sagt Alfred:
„Ach übrigens, Felix, die Polizei hat mir noch etwas mit-
gegeben. Gehört das dir?"
„Meine Brieftasche! Das Geld ist weg, aber alle anderen
Papiere sind noch da! Meine Kreditkarten, mein Ausweis!
Mensch, Alfred!"
„Tja, Glück gehabt, mein Lieber." ·
Die drei umarmen sich.
„Also, das nächste Mal treffen wir uns aber in Barcelona!"
„Oder in Berlin!"
„Oder in München!"


E N D E

## Übungen und Tests

1. und 2. Zwei Telefongespräche aus Spanien – zwei Zettel mit Notizen. Können Sie ergänzen? Wer hat die Zettel geschrieben?

> ... hat angerufen. Kommt ... nach Berlin.
> Ruft um ... noch mal an.

> Pension ... Sedanstr. ...
> Telefon: ... vom ... bis ...

3. Felix auf dem Oktoberfest

Was wissen Sie schon alles über dieses Fest?

Name: *Oktoberfest*

Ort: _____

Findet statt: _____

Man trinkt: _____

Man isst: _____

Die Gäste kommen aus: _____

_____

4. und 5. Der Tag danach

Richtig oder falsch? Kreuzen Sie an.

| R | F | |
|---|---|---|
|  | ✓ | Felix tut der Arm weh. |
|  | ✓ | Felix geht am Fluss spazieren. |
| ✓ |  | Er hat keine Uhr mehr. |
|  | ✓ | Die Polizei bringt Felix nach Hause. |
| ✓ | ✓ | Felix kann sich nicht mehr an gestern erinnern.  *remember* |
| ✓ |  | Felix tut der Kopf weh. |

6. Felix erzählt seinem Freund Helmut Müller, was ihm passiert ist. Können Sie das auch?
Hier einige Stichpunkte:

Oktoberfest – eine Maß oder zwei? – Aufwachen an der Isar – Kopfschmerzen – die Polizei – keine Uhr, keine Brieftasche, kein Geld.

7. Hier sind einige Titel für dieses Kapitel. Welcher gefällt Ihnen am besten? Warum?

ZWEI FREUNDE

GANGSTER AUF DEM OKTOBERFEST

*man grcount nichts*
GEMEINSAMKEIT MACHT STARK
*strong*

DER TOURIST

DER PLAN

29

## 8. Müller und die Bedienung: Welche Antwort passt?

„Was möchten Sie trinken?"
– *Eine Suppe, bitte!*
– *Einen Kaffee, bitte!*
– *Ein Bier, bitte!* ✓

„Woher kommen Sie?"
– *In Amerika.*
– *Nach Amerika.*
– *Aus Amerika.* ✓

„Was möchten Sie essen?"
– *Tee mit Zitrone.*
– *Würstchen mit Sauerkraut.* ✓
– *Danke, gern.*

„Wo sind die Toiletten, bitte?"
– *Ganz hinten.* ✓
– *Hinten links.*
– *Unter dem Tisch.*

## 9. Wer ist Bruno?

## 10. Verbinden Sie, was zusammengehört.

| Müller | | Bruno |
|---|---|---|

M Isst am liebsten Äpfel.

B Hat nach einer Stunde keine Lust mehr zu arbeiten.

M Bestellt sich einen Kaffee im Becher.

M Möchte nicht im ‚St. Anna Kloster' Mittag essen.

B Weiß auch ohne Uhr, wie spät es ist.

30

11. und 12. Müller fragt Bruno. Welche Frage gehört zu welcher Antwort?

1. Wer kommt?
2. Wann?
3. Wo?
4. Wie viele sind es?

a) Mindestens zwei
b) Immer an der gleichen Stelle.
c) Weiß ich nicht.
d) Immer um 12.

13. Können Sie die folgenden Sätze richtig ordnen?

Die Polizisten halten die beiden Männer fest.

Das Auto fährt rückwärts in die Barrikade.

Helmut, Felix und Bruno liegen hinter einem Busch.

Plötzlich hören sie ein Geräusch.

Alfred fotografiert.

Bruno haut ab.

Sie bauen eine Barrikade.

14. und 15. Die Lösung!
Welche Zusammenfassung ist richtig?

a) Die Bedienung hat Gift in die Würstchen getan. Dann haben die Wachmänner die Opfer ausgeraubt und an die Isar gebracht.

b) Die Bedienung hat Tropfen ins Bier getan. Dann haben die Wachmänner die Opfer umgebracht.

c) Die Bedienung hat den Opfern Tropfen ins Bier getan. Dann haben die Wachmänner die Opfer an die Isar gebracht.

d) Die Wachmänner haben die Tropfen ins Bier getan. Die Bedienung hat die Opfer ausgeraubt und an die Isar gebracht.